Der Keller ist
dem Österreicher sein Aussichtsturm
Thomas Andreas Beck

Der Keller ist dem Österreicher sein Aussichtsturm

Thomas Andreas Beck

GOLDEGG

**Vor mir
meine Welt
hinter dem Vorhang**

1 **ihr Schatten**

**Raue
Schale
Rauer**

2 **Kern**

**Angst
vor den
Anderen
ohne**

3 **Angst**

**So sehr wütend
wie ich bin
muss ich
sehr sehr
4   traurig**

**Der Mensch
ist des Menschen**

5 **Mensch**

**Nichts
ist so schwach
6 wie gespielte
Stärke**

**Der Moment
der Umkehr fühlt sich
7 wie Stillstand an**

Vor mir meine Welt hinter dem ihr Schatten

I

Paradies

Solltest du
gegen den wirklichen Plan
des Lebens
im Paradies gelandet sein

Stell dich hin
still

Umarme die dort schlafenden Dämonen
Küsse sie auf die Stirn
Spritz deinen Saft
Spuck in die Luft

Steh still
Dreh dich um
wisch dir die Tränen aus den Augen
Zieh weiter
Geh langsam
Schau nach vorne
über den Horizont

Spür wie dein Rücken
wie es in dir
Schritt für Schritt
wärmer wird

Zieh weiter weiter

Bis zu deinem
letzten
Schas.

Messer

Ich helf dir mir
Ich stech dir in dein Herz
Helf dir deinen verdienten
hart erarbeiteten brennenden Schmerz
zu spüren

Ich helf mir dir
Kümmere mich für dich
um ein langes scharfes
Messer
Überwinde meine Angst und Traurigkeit
Opfere mich auf für
deinen Stich.

Feige Sau

Feige Sau
wie ich bin

ermutige ich
Dich
hinzuschauen
anzupacken
aufzureissen
reinzugehen
aufzuwühlen
auszuhalten
reinen Tisch zu machen
durchzugehen
durchzustehen
allen zu vergeben
um Verzeihung zu bitten
Schritte zu setzen
Wunden zu heilen
Tabus anzuschauen
verändern zu trauen
Leidenschaft zu leben
deine Verantwortung zu sehen
weiterzugehen
den Sinn zu sehen
zu gehen

Feige Sau
wie ich bin

schau ich zu
stosse rein
rate gut
fordere Mut
nenn beim Namen
rück zurecht
verstehe alles
sehe alles
stell die Fragen
lass dich sagen
steig voll ein
mit Haus und Haar
in deine Welt
spüre deine
Wut
Angst
Schmerzen
Freude
die nicht meine ist

Feige Sau
wie ich bin

schleiche ich
winde mich
tänzle um das was in mir
dunkel stinkt brüllt
im Keller
vergraben
viel zu selten hinein
in meines
Schatten
unter den Teppichen
in meine
Ängste
Schmerzen
Zorn
Dreck
missbrauche
die fremde
Freude
über
meine Kunst
wie ein
Spanner
im
Swingerclub.

Feige
Sau.

Fantasie
Bitte verlass mich nicht
Bitte drück mich
Kitzel mich
Weck mich auf
Halt mich fest
Tritt mir in den Arsch
Raub mir den Schlaf
Mach mich scharf
Heb mir meinen Blick
Lass mich vergessen
Töte meine Vergangenheit

Fantasie
Bitte verlass mich nicht
Bitte erpresse mich
Schmeiss mich raus
Aus meinem verwanzten Bett
Reiss mir die Vorhänge zur Seite
Störe mein Sterben
Erinnere mich an meine Kindheit
Leg dich mit dem Alten in mir an
Zieh mir den Boden unter den Füssen
Schenk mir einen Vorfall
Bandscheibe mich wach

Fantasie
Bitte tu mir weh
Schmerze mich ins Leben
Lass mir den Speichel im Mund zusammen
Errege meine Seele
Dränge mich hinaus
Schenk mir eine Krise
Eine fette
Nimm mir das Blei aus den Schuhen
Verarme mich
Vermöge mich
Schrei mir den Augenblick ins Gesicht
Spuck mir die Augen auf
Watsche mich bis ich mich wehre
Zerreiss meine Zeugnisse
Nimm die Urlaubsfotos von der Wand
Verbrenne mein Haus

Fantasie
Bitte warte nicht auf mich
Würg mich
Quäle mich
Tu mir weh

Bis ich du bin.

Wasserloch

Tief im Wasserloch
höre ich die Schreie.
Im tiefsten Wasserloch,
so tief bis an die andere Seite.

Greif ich bis zum Anschlag
runter, soweit ich,
ohne wirklich nass zu werden,
hinunterreichen kann.

Fürchte mich, gebissen zu werden von ihren
kriegsgebietsausgehungerten Goschen,
fürchte mich, hineingezogen zu werden
in ihren Wahnsinn des Unmenschlichbestialischen.

Da höre ich sie wieder, die Stimmen
aus dem Wasserloch,
schwer vernehmbar, doch je tiefer ich greife,
umso lauter werden sie,
als ob mein Eindringen die Ursache ist.

Misstrauen in mir.
Das ist eine Falle!
Alles untertunnelt!

Sie umkreisen uns, während meine Freunde
und ich ins Wasserloch starren.

Grelles Licht am Horizont.
Zuerst flach am Boden
wie ein leuchtender Hügel.

Einen Augenblick später,
keine Sekunde später,
steigt unmissverständlich die
grellste
klarste
gefürchtetste
Lichtsäule der Dunkelheit
in den Himmel.

Es rennt mich los
neben mir der bombenzerfetzte Iraner.
Es rennt mich
panisch suchend
meine Liebsten
meine Söhne
meine Frau
die Gewissheit rennt mit.

Man hätte euch
nicht lassen dürfen.

Raue
Schale
Rauer
Kern

2

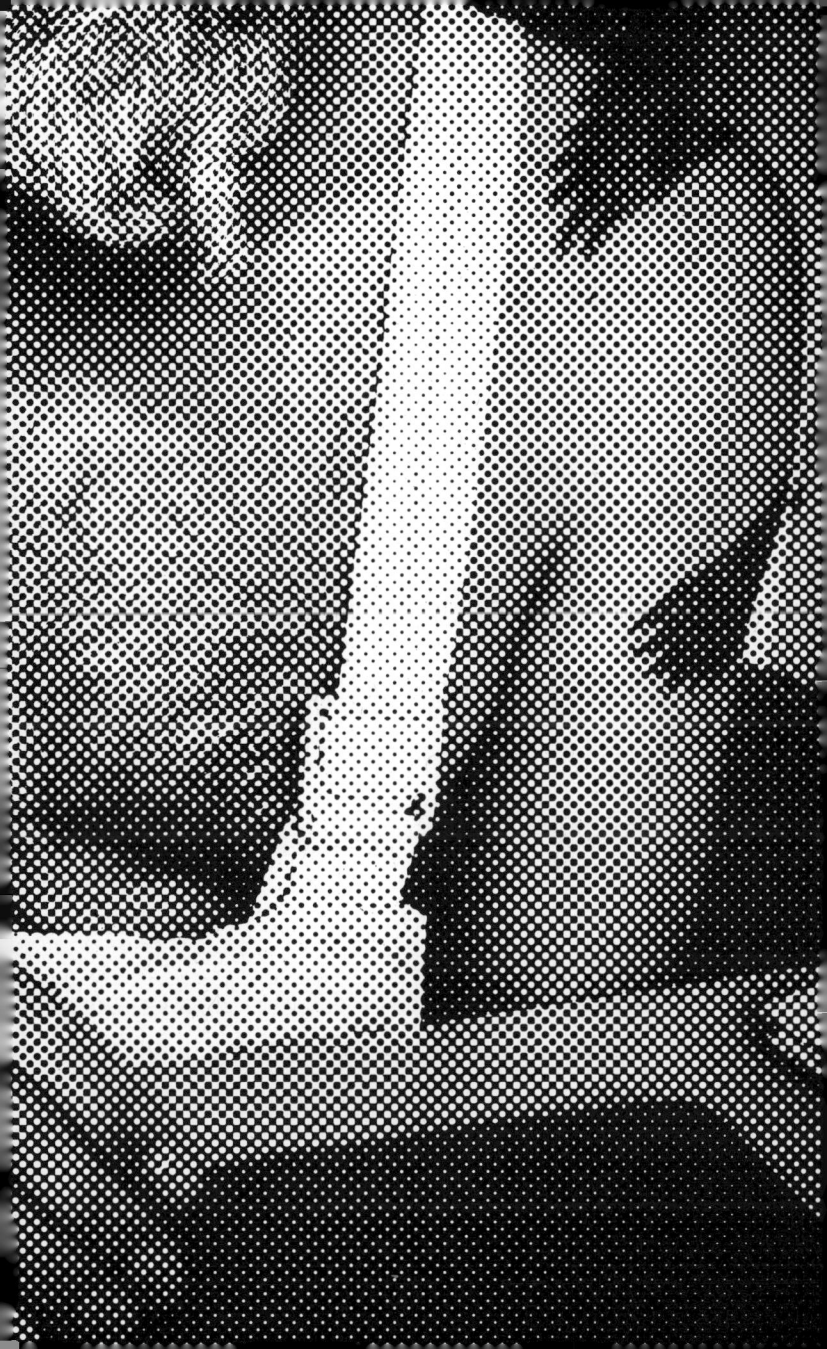

Holzweg

Was wenn der
Holzweg
nicht einmal ein
holziger

Was wenn der
Holzweg
ein
irrender

Was wenn der
Holzweg
ein einzig hinterhältiger
verratender
gewaltig vortäuschender

Führe mich in Versuchung und
vergifte mich mit dem
Bösen

Denn Geld ist das Reich
und die Kraft und die
Männlichkeit in
Endlichkeit

Egoismus

Streit

Streit
ohne
Zärtlichkeit
ist
Gewalt.

Zärtlichkeit
ohne
Streit
ist
Illusion.

Gewalt
ohne
Streit
ist
Krieg.

Streit
ohne
Gewalt
ist
Politik.

Gewalt
ohne
Zärtlichkeit
ist
Mord.

Zärtlichkeit
ohne
Gewalt
ist
Heilung.

Feind

Feind
ist
wer dich
vernichten
will.
Mit
Haut und Haar.
Auslöschen
was er aus seiner
Sicht
verdammt.
Feindschaft
lässt sich nicht
auflösen.
Feindschaft
vernichtet sich
bis der Feind sich
selbst
abschafft.
Feind
ist
wer sich
selbst vernichten
will.

Komm

Komm in meine
Arme.

Komm in meine
Armee.

Komm in meine,
Arme.

Komm in meine
Armee,
Amen.

Wo Geld
der einzige
Inhalt ist
geht es
inhaltlich
um **Nichts.**

Lenken

Ich lenke immer – auch wenn ich nicht am Steuer bin.
Sehe alles – weiss alles – rieche alles.

Verkrampfungen in meiner Angst verhindern jeden
Schlaf – wenn ich schlafe bin ich wach wacher als ihr alle
wenn ihr glaubt Munterkeit zu sein – du wirst meine
Überwachungsbildschirme und Kameras niemals finden
weil du niemals mit der Hinschauung beginnen wirst –
mit deinen vertrübten Blicken erkennst du nicht einmal
das Naheliegendste – siehst nur was du sehen willst –
Bequemlichkeit ist deine Stärke glaubst du oberschlauer
Idiot – benutzt meine Erleichterungen frisst mein
Schnellessen überlässt mir dein Denken – weit mehr als
das lässt mich lenken – ich lenke immer besonders in
Augenblicklichkeiten deiner Selbstzufriedenheit
Wichtigtuerei Allmachtspose – besonders da genieße
ich die Offenheit deines Kontos deines unvermögenden
Vermögens deiner Schatten der Eitelkeit – verdienst-
leiste dich Vermessung für Vermessung greife ich über
deine Gedärme hinauf in deine Gehirnverwindungen –
lenke dich zu Handlungen von denen dein Steinzeitgehirn
mit Ahnungslosigkeit geschlagen ist – treffe und lasse
sie über dich fallen als Fallen deiner Entscheidungen.

Ich lenke immer – auch wenn ich nicht am Steuer bin.
Sehe alles – weiss alles – rieche alles.

Psychohaie

Psychohaie greifen an.
Zuckerberge
Trojanische
Zuckerberge
Alexa hört mit.
Suchtmaschinen
Trojanische
Suchtmaschinen
Grösste Raketen explodieren.
Vogelgezwitscher
Trojanisches
Vogelgezwitscher
Amazonen betören uns.
Weltreichster
Trojanischer
Weltreichster
Psychohaie greifen an.
Freiheitsbringer
Demokratiehasser
Freiheitsdiebe
Taschenspieler
Trickdiebe
Schattenzecken
Machtsadisten
Menschenvergifter
Beziehungskiller
Psychohaie greifen an.

Wald

Erst wenn
der letzte
Waldviertler
seine Sohle verloren hat,
werden wir erkennen,
dass man Schuhe
nicht essen
kann.

Tausendmal

Auch wenn ich
tausendmal
meinen Dauerharten

Auch wenn ich
tausendmal
meine Zungenspitze

Auch wenn ich
tausendmal
diesen Blick

Auch wenn ich
tausendmal
sie von hinten

Auch wenn ich
tausendmal
meinen Zeigefinger

Auch wenn ich
tausendmal
den Punkt innen

Auch wenn ich
tausendmal
am Nacken gepackt

Auch wenn ich
tausendmal
hochgehoben an die Wand

Auch wenn ich
tausendmal
viermal konnte

Auch wenn ich
tausendmal
aufgerissen und gefickt

Auch wenn ich
tausendmal
bezahlt

Auch wenn ich
tausendmal
im Puff der Star

Auch wenn ich
tausendmal
Leben gezeugt

Auch wenn ich
tausendmal
ins Gesicht

Auch wenn ich
tausendmal
ohne zu fragen

Auch wenn ich
tausendmal
gehört hab wie gut

Auch wenn ich
tausendmal
der Scheidungsgrund

Auch wenn ich
tausendmal
gleichzeitig

Erst wenn du mir
deinen stahlharten Riesenschwanz in mein
ängstlich verkrampftes Arschloch gerammt hast
werde ich ahnen können
was ihr Frauen zulasst.

Balkon

Was ich will das schaff ich
Wer mich nicht will verliert
Wovon ich träum das mach ich
Wenn du nein sagst lach ich

Wenn was nicht passt dann bieg ich
Die Wahrheit relativ
Meine Lügen sind gedruckt
Keine Wimper zuckt

Intrige ist nur
Das falsche Wort für klug
Hindernisse spreng ich
Gerne mit Betrug

Wer nicht für mich gegen den bin ich
Wer mich bedroht wird zerstört
Darwin ist mein Gott
Geld bringt ins Lot

Wer mich behindert fällt
Unabsichtlich vom Balkon
Kein Frieden wenn ich nicht will
Ihr seid kleine Fische ich das Krokodil

Was ich will das schaff ich
Mit Hammer und mit Hohn
Eines kalten Krieges
Fall auch ich vom Balkon

Was uns trennt ist

Was ich will
lässt sich nicht kaufen
Was du willst gibts nicht geschenkt
Was wir wollen ist das Gleiche
Was uns trennt
ist Geld

Was ich will
fällt nur vom Himmel
Was du willst hat keinen Preis
Was wir wollen ist das Gleiche
Was uns trennt
ist Neid

Was du willst
kann ich dir schenken
Was ich will kommt von allein
Was wir wollen ist das Gleiche
was uns trennt
ist Angst

Rost

wer ist diese figur
sitzt hinein im nacken
unmöglich ein an teil
meiner herr lichkeit
verdreht mich mir meinen
wende hals

wer ist diese figur
tatsächlich tut
taten los
meinen absichts losen
gut mann verstörung
böse wichten

wer war diese figur
führte ver mich in
versuch ung
befreiung meiner lackierung
lack abkratzung seither ich
roste so schön

Dich sogar freuen

Es aushalten,
dich sogar freuen,
wenn andere deine Ideen
als die ihren erzählen.

Es aushalten,
dich sogar hineinfühlen,
in andere, die deine Ideen
als die ihren brauchen.

Es genießen,
dich sogar freuen,
wenn du anderen deine Ideen
als die ihren lässt.

Schwanzgesteuerte,
impotente, meist ältere Männer,
die, koste es, was es wolle,
an die Macht wollen:
Sie sind die Ursache
für so gut wie alle unsere Probleme.
Vor allem die Ursache für Krieg
statt einfach
Frieden.

Es ist die Aufgabe von uns,
der stillen Mehrheit,
dagegen
aufzustehen,
hinzustehen,
hinzusehen
und diese Krankheit
ein für alle Mal
zu beenden.

Wie das gelingen soll?
Ganz einfach:
Indem wir es tun.
Indem wir endlich aufhören,
deppat zu sein,
feig zu sein,
bequem zu sein.

Niemand wird diese
Bewegung für uns machen.
Es gibt keine anderen,
es gibt nur das Wir,
Jetzt oder nie mehr.

Zinsen steigen
Märkte rutschen
Banken werten
Nöte kaufen
Preise laufen
Kredite platzen
Gelder brennen
Helden fallen
Alle zahlen

Notausgang

Stelleninserat
Bewerbungsschreiben
Stelleninserat
Bewerbungsunterlagen
Liegen im Magen

Vorstellungsgespräch
Absageschreiben
Bewerbungsunterlagen
Ich kann Ihnen das nicht sagen

Vorstellungsgespräch
Engere Auswahl
Absageschreiben
Absagespeiben
Ah Ehm Es
Jobangebote
Onlinejobplattform

Vorstellungstermin
Nein danke
Stelleninserat
Bewerbungsschreiben
Lebenslauf

Motivationsschreiben
Vorstellungsgespräch
Anzug oder Jeans
Wahrheit oder Lüge
Bewerbungskandidat

Personaldirektor
Lebensgeschichte
Gehaltsvorstellungen
Kollektivvertrag
Probezeit
Chance des Lebens!
Erster Arbeitstag
Betriebsrundgang
Kennenlernrunde
Neue Kollegen
Eingewöhnungsphase

Zielvereinbarungen
Stellenbeschreibung
Einschulung
Feierabendbier
Betriebsausflug

Teamspirit
Motivationstraining
Bsoffene G'schicht
Fett an der Bar
Alle per Du
Humanressourcepotenzial!
Dreihundertsechziggradfeedback
Strategieklausur
Sesselkreis
Flipchartorgie
Führungskräftenachwuchsprogramm

Highpotentialeinstufung
Jobrotation
Führungsausbildung
Ausbildungskostenrückzahlungsvereinbarung
Überstundenpauschale

All-in-Regelung
Variabler Gehaltsbestandteil
Zielerreichungsprämie
Führungskreismitglied
Budgetverantwortung

Ressourcensteuerung
Personalführung
Erfolgsverantwortung
Key Performance Indicators
Exceltabellenking

Powerpointexzess
Rundumdieuhrerreichbarkeit
Personal Coaching
Empowermenttraining
Assessmentcenter

Interne Jobausschreibung
Managementposition
Konkurrenzkampf
Quotenfrau
Genderbeauftragte

Männerseilschaften
Bordellbesuch
Beförderung
Managementposten
Chefsessel
Führungskraft!
Chance des Lebens
Investitionsüberlegungen
Budgetierungsprozess
Stakeholdererwartungen
Konkurrenzdruck

Kostendruck
Erfolgsdruck
Feindliche Übernahme
Fusionsprozes
Organisationsentwicklung

Zusammenlegung
Teambuildings
Unternehmensberater
Bad guys
Strategieempfehlung

CSR Stabstelle
Nachhaltigkeitsbericht
Bilanzergebnis
Aktionärserwartungen
Expansionspolitik

Markteroberung
Umsatzsteigerungen
Deckungsbeitragsproblem
Zielerreichung
Aufsichtsratsproblem

Stakeholdervalue
Unternehmenswert
Renditeerwartung
Marktanteilsproblem
Imagekorrektur

Fluktuationsquote
Headhunter
Hunting ground
Key Account Strategie
Einsparungsmaßnahmen

Cost Cutting
Prokopfkosten
Headcount
Benchmark
Branchendurchschnitt

Abteilungszusammenlegung
Return on Investment
Cashflow
Break Even
Cashburningrate

Overheadkostensenkung
Profitcenterproblematik
Abteilungsdenken
Mobbingfälle
Krankenstandsstatistik

Zeitkontenproblem
Überstundenabbau
Produktivitätsabfall
Qualitätsprobleme
Produktionsausfall

Betriebsrat
Voranmeldungen
Betriebsklima
Kündigungswelle
Abteilungsdenken

Tunnelblick
Stresssymptome
Urlaubsabbau
Krisenmodus
Alkohol

Schlafstörungen
Dienstreise
Reisekostenabrechnung
Spesenpauschale
Unternehmensgeist!
Leitbildentwicklung
Leidbild
Vision
Mission
Werte

Unternehmensgrundsätze
Und denkst du mal es geht nicht mehr
kommt irgendwo ein Workshop her

Alle in einem Boot
Alle an einem Seil
Mann über Board
Rette sich wer kann
Gute Idee
Machen wir auch nicht

Betriebsblindheit
Scheuklappenmentalität
Interne Affäre
Neverfuckthecompany
Betriebsrat

Genderbeauftragte
Arbeitsgericht
Krisenworkshop
Mediation
Burnoutsymptome
Privatleben
Scheidungskrieg!
Management by Chaos
Sesselsäger
Zielverfehlung
Budgetloch
Geschäftsbericht

Aufsichtsratsbeschluss
Verwarnung
Bonusverfehlung
Ernstes Gespräch
Beobachtungszeitraum

Unter vier Augen
Feedback
Kreislaufkollaps
Herzrhythmusstörungen
Krankenstand

Der junge Akademiker
Nachfolgergerüchte
Leistungsfähigkeit
Belastungsgrenze
Mitarbeitergespräch
Wodka!
Einsamkeit
Burnout
Wodka!
Letzte Chance
Track record

Erfolgsfaktoren
Mitarbeiterbeschwerden
Kundenzufriedenheitsproblem
Krankenstand
Überstunden

Wodka
Schuldenfalle
Nerven
Entscheidungsfähigkeit
Unsicherheiten

Geschäftsrückgang
Kundenabwanderung
Marktanteilsverlust
Rote Zahlen
Blauer Brief!
Kündigung
Dienstfreistellung
Schleichen Sie sich
Wir danken für
Einvernehmliche

Gesichtsverlust
Gesichtswahrungsversuch
Auto abgeben
Laptop abgeben
Schlüssel abgeben

Letzter Arbeitstag
Schande des Lebens

Notausgang
Not Ausgang
Notaus Gang
No Ausgang.

**Die
Wirtschaft ist eine
Scheibe.**

Angst vor den Anderen ohne Angst

3

Sebastian

Sebastian
Du warst im Traum bei mir
hast dich angelehnt
nach Rat gefragt
dich gezeigt in deiner Leere.
Angedockt
an meine Kraft
abgesaugt
von meinem Geist.
Abgeschaut
Gefühle wie du sie nicht kennst.
Eingeatmet
mein Testosteron
meinen Vatergeruch
meinen Schweiß des Scheiterns.

Sebastian
Du hast dir genommen
ohne zu fragen
ohne zu zahlen
ohne zu danken.
Du nimmst viel
du greifst zu.
Du raubst dir was du brauchst
für deinen Machtrausch
für deinen Wahn
für dieses Heißluftgewächs.
Bindest dich an die Mächtigen
benutzt die Weisen
stillst deinen Durst mit fremden Säften.
Wendest dich ab
sobald du genommen hast was du brauchst.

Sebastian
lächelst mild
zwinkerst zu
verbrennst den gestohlenen Treibstoff
die entwendete Liebe.
Gibst denen die du begehrst
die dir Vater spielen
die dich besitzen
die dich aussaugen
die dich wenn der Tag die Nacht
gekommen sind
wie eine im perversen Sado Kampf erdrosselte
Hure
in einem türkisen Müllsack
in ihre Einzelteile zersägt
durch die Hintertür ihres Palastes
zum Altglascontainer
stellen.

Sebastian
Sebastian
Seh Bestie an.

Grenzen
sind keine
Linien sondern
Raum

Oh du mein Führer

Jetzt hat das Opferland
was es sich seitdem
so tiefselig ersehnt hat

Opferland
Endlich Opferland
Endlich selber eine
bedürftige
arme
bedrohte
Opfersau

Endlich kann ich mich
in mein strunzdummes
Kindich verpissen
Meinen Staub wischen
Lurch nachrennen

Dem Führer mein Herz schenken
Ihm der was mich jetzt beschützt
Er der was mir jetzt sagt was ich machen soll
Noch besser was ich nicht machen soll

Diese Opferkultur
Unbewusstheit
Hilfe ich fürchte mich
Hilfe
Hilfe
Hilfe

Oh du mein Führer
Ich häng die Fahne raus
Ich verpfeif alle die nur noch zu dumm
Die was noch keine Angst haben vor dem Bösen
Das Böse vor dem du mich beschützt

Oh du mein Führer
Ich habe solche Angst
Ich sterbe
Beschütze mich
Denk für mich
Sag mir was ich sagen soll
Sag mir was ich sagen darf

Oh du mein Führer
Ich danke dir
Wenn du es sagst
Wenn du es machst
Wenn du es siehst
Wenn du es weißt
Wenn du es tust
Wenn du es bist

Führe mich
Damit ich
Endlich wieder
so wie ein
kleines
deppates
ängstliches
strunzdeppates
Opferkind sein darf mich
um nichts kümmern
Meinen Staub wischen
Lurch nachrennen
Aus dem Fenster schauen
Vernadern
Die anderen die was zu blöd sind sich zu fürchten

Endlich
Wickel mich
Fütter mich
Danke
Oh du mein Führer.

Angst gemacht

Tag für Tag
den Fußvolkigen
Angst gemacht,
dreckigen Wein eingeschenkt,
abgelenkt, weggeplänkelt, verpopulistet.
Geschürt, provoziert, gehetzt,
sie schmal gebrüstet,
irgendwelche Routen geschlossen,
ins Hirn geschissen.
Die tiefsten Triebe mit
Marketing desfunktionalisiert,
geframed mit euren
Core Values der Irrenanstalt.

Tag für Tag
Angst gemacht,
den Hausverstand vertrottelt,
das Bildungssystem verkrüppelt.
Das Gras verteufelt, statt ihm zu danken,
weil Zug für Zug diese Kleingeistigkeit
sich von selbst verflüchtigt,
der Angst den Raum nimmt.

Tag für Tag
Angst gemacht.
Statt zu ermutigen,
statt zu erweitern,
statt die Herzen zu dehnen,
statt dem Volk seine Liebe zu lassen,
statt eine Utopie zu benennen,
statt die Freiheit des Naziösterreichs,
diese grundlose Gnade und Vergebung
zu nutzen mit Sinn und Traum und Willen
zu füllen, zu geben, zu schenken,
wiedergutzumachen.

Tag für Tag
Angst gemacht.
Jetzt bald
brauchen wir, was ihr
missbraucht habt für euch und eure
Steigbügelhalter.
Sattel der Macht,
Tag für Tag.

Und dann
stelle ich mir vor
es wäre nicht nur
diese Pandemie
Und dann
stelle ich mir vor
es wäre
Krieg

LINKE
MENSCHEN
RECHTE

RECHTE
MENSCHEN
LINKE

MENSCHEN
RECHTE
MENSCHEN

LINKE
MENSCHEN

RECHTE
MENSCHEN

MENSCHEN
RECHTE

LINKE
MENSCHEN
RECHTE

RECHTE
MENSCHEN
LINKE

MENSCHEN
RECHTE
MENSCHEN

LINKE
MENSCHEN

RECHTE
MENSCHEN

MENSCHEN
RECHTE

Verwählt

Degenerieren uns
Generation für
Generation.

Schrumpfen uns
Einzelkind für
Einzelkind.

Verwählen uns
Angst für
Angst.

Hit
Hitl
Hitle
Hitler
Hitlerparaden
Hitlerparadenstürmer

Was
Volkt
daraus
?

Österreich ist Opfer

2. September 1945

Generation der Kriegslosen
Arbeitslosen Sinnlosen
　　　Ich gratuliere euch
　　　Ich beneide euch
Nicht weil ihr so gut gelebt habt
Nicht weil ihr so friedlich wie noch nie
Nicht weil ihr so viel Großartiges geschaffen habt
Nicht weil Europa während eurer Midlifecrisis vereinigt
Nicht weil die EU das wunderbarste Friedensprojekt
　　　Ich beneide euch
Nicht um eure Karrieren, Waschmittel, Coca-Colas
Nicht um eure zwei Autos und ein Wohnmobil pro Haushalt
Nicht um eure Flugreisen rund um den Globus
Nicht um eure Gehaltserhöhungen, Gewerkschaftslobby,
Pragmatisierungen
Nicht um eure Bausparverträge, Einfamilienhäuser,
Einzelkinder
　　　Ich beneide euch
Nicht für eure Depressionen, Burnouts und Selbstmordrate
Nicht für scheinheilige Weihnachtseinkäufe,
Plastikchristbäume
Nicht für eure Kirchenaustritte, Hochzeiten und Kreisky
Nicht für eure Zigarettenstangen, Friseur
und Zahnarzt in Sopron
Nicht für eure Kredite, Wirtschaftswunder,
Dauersicherheit.

Ich beneide euch
Nicht wegen eurer Unlebendigkeit, Starre
und »Ja, Aber«-Sprache
Nicht wegen eurer Nazieltern, dem Schweigen
und Schlagen
Nicht wegen der Lieblosigkeit eurer Kindheit
Nicht wegen der komischen Stimmung,
seitdem es vorbei ist
Nicht wegen dem Privileg des Friedens
Ich bedauere euch
Weil ihr trotzdem nicht gelebt habt
Weil ihr mittendrin im Kriegsmorden gezeugt wurdet
Weil ihr in euch die Liebe verschüttet
Weil ihr es so selten geschafft habt nicht zu kriegen
Weil ihr zwischen Altem und Neuem im Nichts
Ich verurteile euch
Nicht für euer Verschlafen
Nicht für eure Stumpfheit
Nicht für euren Egoismus
Nicht für euren Tunnelblick
Nicht für eure Watschen
Ich sehe euch
Mittendrin in eurem Dilemma
Zwischen Krieg noch nicht vorbei
und Frieden noch nicht da.

ICH
GEWÖHNE

MICH
NICHT

AN
KRIEG

Gattung

Der wahre Österreicher
entdeckt
seine
Wirklichkeit
nur im Keller.

Die muffige
Luft des nassen
Kellers erlebt
er als
Gewächshaus.

Je
versperrter der
Keller desto
weltoffener
wird er.

Die
Kellerassel
ist sein
liebstes
Haustier.

In
Niederösterreich
bauen sie unter dem **Keller**
einen **Keller**
mit
Keller.

Hinterzimmer
ist ein
Keller
ohne
Treppe.

Wie damals

Spendensammlung
freikaufende
Gewissen.

Empörungen
ersatzhandelnd
gehen Sie
weiter es
gibt zu
sehen.

Kriegsbilder
verdrängende
Ausreden
wie damals.

Anfang

Ein Liebesbrief statt
Asylantrag-Formular

Ein Blumenstrauß mit
Willkommensgruß

Ein Fest für dich
mit Tanz und Nacht
ohne Schlafen

Jede Menge Fragen
an dich
    was du fühlst
    woher du kommst
    wie deine Reise war
    wen du vermisst
    was deine größte Angst
    was dein wildester Traum

Nicht zuletzt
sondern gleich
die Frage aller Fragen:
    was kannst du besonders gut
    was begeistert dich
    welches Talent
    was bist du bereit zu geben
    für einen neuen Anfang

Hunger

Hunger
jetzt bringt er mich gleich um
nagt er an meinen Knochen
stellt mich auf die Probe
wir streiten um das letzte Stück

Hunger
kennen uns nur vom Vorbeigehen
nur vom kurzen Knurren
mit Namen tu ich mir schwer
brauch immer eine Eselsbrücke

Hunger
eine Hungergastronomie
alle kurz vor dem Verrecken hungrig
dann lassen wir die Gäste lang warten
und extra kleine Portionen

Hunger
so wie damals wie die Oma den
Kitt aus den Fenstern den
Russen die Erdäpfel abgebettelt
wenn du wüsstest, was die Oma alles
tun hat müssen für ein Stück Brot

Aufbau

Vorteilhaft für meine
Sicherheit hier zu warten
Hier zu sitzen verhindert
jegliche Gefahr mich
zu verirren mich zu verrennen
Parkbankerlsitzer
beruflich eigentlich aber
mich zahlt ja keiner dafür

Die da oben keine Ahnung
haben die da oben vom
Leben des kleinen Mannes
sollen sich einmal selber als
Parkbankerlsitzer ausprobieren
Schnell würden s' wieder zurück
zu ihren Dienstwagen und
Chauffeuren die grosskopfaten
Herren Politiker noch nie
haben die was gearbeitet in
ihren unnedichen Leben immer
nur auf unsere Kosten

Mein Leben lang war ich
fleißig tüchtig Wien haben
wir wieder aufbauen müssen
nachdem sie es uns so grausam
zerbombt und dann Russen ja
die Russen ganz die Ärgsten
waren die Russen auf jedem Arm
sieben Armbanduhren aus Gold
es war schrecklich für uns

Alles hab ich selber
wieder auf mich betätigt
aber es gibt ja keinen Dank

Wer lebt jetzt

Südtiroler Reumann
wie eine Watsche mit Fuß
wie ein Marille Schoko Marille
Eis vom Tichy
wie eine erste Schallplatte vom Plazala
ohne Plan
wie ein Gang zurück an die
Orte der Jugend hinein in eine
Stadt die es nicht mehr gibt
Auf der Hut und Suche
Der Südtiroler ein
Ausländer und für manche Gestrigen ein
Inländer
Reumann du erster
Bürger
Meister
der was ein Sozialdemokrat war
Amalie du Volksbad du
Bäderstadt du Volksgesund
Du Monument der Arbeiterkultur
Und du erste Frau
Gemeinde
Rätin
Amalie Pölzer
Frauenehre Rotes Wien
wie eine Reise
um die Welt
wer sind die Menschen da wo
Edmund uns das Wien der Wiener
vor die Augen geknallt hat

Bier für Bier
Oaschloch für Oaschloch
der Karli der Trottel
vierzehn Tage der Schädel wackelt
Watsche für Watsche
Wer lebt jetzt dort
wie lebt es sich jetzt dort
ist es wirklich anders fremder als es mir war
damals so nicht weit weg von meiner
Heimat Wienerfeld fünf Stationen 66A
Stockautobus mit Abgang
hinten runter entfernt?

**Der Keller
ist dem Österreicher sein
Aussichtsturm.**

So sehr wüt
wie ich bin
muss ich
sehr sehr
traurig

4

nd

Es ist

Großer
Fehler es ist
Leben
meiner Eltern
zu leben.

Große
Anstrengung es ist
Leben
meiner Eltern
nicht zu leben.

Spieglein

Erinnerungen verklüften sich in zwei Lager, auf der einen Seite Hässlichkeit, die eigene, diese Mutation von mir selbst, dieses aus mir meiner Form herausplatzende, unkontrolliert mich mit anderen Oberlippenflaumträgern und Schamhaarbüschel für Schamhaarbüschel sprießende, mit anderen Vergleich für Vergleich messende. Auf der anderen Seite des Ufers Schönheit, diese unpackbare Schönheit derer ohne Oberlippenflaum, Brüste heraussprießenden, so gut riechenden und immer so andersartigen, unerreichbaren Zauberwesen. Alles andere war sekundär — und wirklich sekundär, nicht so wie Johann K das andere als auch primär nannte. Es gab kein Anderes mehr, nur das Spieglein, Spieglein an der Hand, hinein, hinunter, hinaufschauen, ob was an mir wächst, gedeiht, rinnt, herausspritzt oder sich Haar für Haar den Weg durch meine gar nicht mehr so zarte Knabenhaut bohrt, um sich sogleich statt flaumig flauschig nein (!) einringelt borstig schamhaarig fußhaarig brusthaarig arschhaarig sehen und fingerhaarig meinen Körper annektiert. Ohne zu fragen, ohne mich und meine Wünsche zu berücksichtigen, geschweige denn mir ein Mitspracherecht zu gewähren. Pubertät ist undemokratisch diktatorisch grausam. So wie die am anderen Ufer des Flusses. Mit ihren Freundinnen und engsten Kreisen und Ticks und ein, zwei Jahren Vorsprung uns Zumpferln gegenüber. Da hatte ich keine Chance, nur meine Hefte mit den Schönsten ohne Gewand und meine Hände und Taschentücher. Und dann war da diese Miniplifrisur.

Geworden

Ich bin ein
Anderer
geworden als ich
dachte.

Ich bin ein
Anderer
geworden als sie
dachten.

Als ich dachte
bin ich ein
Anderer
geworden.

immer und immer
nur das, was
ich nicht sehen
kann.

Traumatische Erlebnisse

Meine Reumannplatzerlebnisse, ja da gibt's schon das eine
oder andere. Am ärgsten sitzt bis heute mein Intercoiffeur
(ja, wir wussten alle nicht, was das bedeuten soll, aber er
nannte sich so) Strassl Minipli-Besuch. Zwei Stunden,
nachdem ich links seitlich durch den Herreneingang rein
und wieder raus auf den noblen Platz stolzierte, hatte ich
eine Frisur wie der junge Schneckerl Prohaska, und das
war keine gute Vergleichbarkeit für einen eingefleischten
Rapidler. Auch wenn die Violetten ihr Horr(or) Stadion
im Heimatbezirk nur wenige Straßenbahnstationen vom
Strassl entfernt, meine grünen Wurzeln waren ewig,
vor allem, weil ich die ersten Jahre meines Wienerlebens
in Hietzing gleich am anderen Gegenüberufer des
Wientalflusses lebte, da wo die Kickerei von der Pfarrwiese
hinüberschallte. Zugegeben, ich war ein Mitläufer, der
Bruder ein echter Grüner, aber mit dieser Schneckerl-
prohaskafrisur traute ich mich nicht einmal mehr auf ein
Marille Schoko Marille Eis beim Tichy. Als Wuschelkopf
mit frisch selbst gestochenem Flinserl und mir sehr
viel zu knollig erscheinender Nase war der Start
in die Pubertät sogar mir zu oag.

Wenn Mann

Vater
wo bist du
wenn Mann
dich einmal
braucht

Vater
wer bist du
wenn Mann
sich nicht findet

Vater
wo bist du
wenn Mann
sich verloren hat
Vater

Ist der Tag

Ist der Tag
Scham
Ich in mir
bricht zer.

Kinderseele
verdreht sich
Selbst
Schuld
Gefühl.

Zerreisst der goldene
Faden
das Seil des
Urvertrauens.

Beginnt
der Tag
Krieg
Angst.

Ist der Tag gekommen
ist es nicht mehr gut
entbunden aus der
Verbundenheit.
Freund
bekommt
einen
Feind.

Gekommen

Ist der Tag gekommen
Ist es nicht mehr gut.
Entbunden aus der
Verbundenheit.
Wir drei waren
Wir.
Ist der Moment gekommen.
Wir sind in dem Moment gekommen.
Verbunden aus der
Entbundenheit.
Rausgerissen aus meiner Ruhe.
Hineingeschossen in diesen
Fremden Körper.
Du
Wir
Vernabelschnurt.

Ist der Tag
Geburt
gibt's nur Tod
ohne kein Leben über.
Du und Ich
ohne jede Grenze
Wir
Welt.
Jeder Körper Teil
in deinem Besitz
jede meiner Öffnungen
Du.

Ist der Tag
Ich
ist es nicht mehr gut
beginnt mein Du.
Hörst du nicht
Auf
deine Liebe
Grenzen.

Meiner
Therapeutin
habe ich jetzt
meine
Mutter
empfohlen.

Ich beisse nur
und belle
nicht.

Kränken

Kränken
oder alles
kurz und klein
schlagen
oder aufrecht
Tal der Tränen
niemand außer
Ich selbst

Kann was ich
nicht will
Will was ich
nicht kann
Bin wer ich
nicht kenn
Leb wo ich
nicht bin

Du erinnerst m
ich
An die Art wie
ich
Vergessen hab m
ich

Achtung auf meine Seele

Achtung auf
meine Seele.

Sie schreit:
Traurigkeit!
Wohin rennst du?
Fragt sie mich still
in ihrer Sprache.

Ich höre:
Super bist du!
Eine Runde geht noch.
Denkt es mich.

Achtung auf
meine Seele.

Sie sagt nicht
was ist.
Sie warnt nicht
wie ich es gerne
hören würde.

Sie sagt still:
Traurigkeit.
Sie meint:
Sei still.

Sterbens Lust

Heute
Leer
Ausgeblutet
Vertrottelt
Dünnschiss
Zugedröhnt
Werbungstot
Augenschwer
Ergebemich
Überdosis
Ablenkung
Einsagung
Hirnverlust
Sofalust
Ausgedacht
Lichtausgemacht
Dichtgemacht
Migränenacht
Selbstverlust
Sterbenslust
Zugemüllt
Kraftlos
Leer
Heute

Du Alles

Wie gut ich dich kenne
besser und länger
als meinen besten Freund.

Du sickerst
aus meinem Innersten
Versteck
unaufgefordert
unaufhaltbar
unpackbar.
Sinnlosigkeit des Widerstandes
vollkommen.

Wie gut ich dich kenne
tiefer und vertrauter
als meinen besten Freund.

Du drückst
von hinter meinem Herzen
mittendurch nach vorne
übermächtig süchtig.
Beulst mich heulst mich
schnürst mich ab.

Wie gut ich dich kenne
näher und stärker
als meinen besten Freund.

Du stichst.
Ich mich Ich.
Gewaltig
aufschlitzend
schmerzspritzend
drückst den Gestank
meiner verschweissten Kanaldeckel
mitten in die Wirklichkeit
kompromisslos.

Wie gut ich dich kenne
bedrohlicher und brutaler
als mein bester Feind.

Du akzeptierst
keine Lügen
keine Tricks
keine Masken.
Gnadenlos
trauerst du mich
mein Leben lang
Depression für Depression
runter in die Tiefe.

Dunkelheit

Dorthin wo ich herkomme.
Dorthin wo ich hingehe.
Zeigst mir das eine
klebrigdichte
allesbedeutende
namenlose
ewige
Alles.

Dämon

Du schmeißt nachts
Steine durch mein
Fenster

Du steigst
ungefragt
in mich hinein

Du breitest dich aus
kommst zurück
in mich
weil dein Platz
in mir und sonst
nirgendwo

Du kehrst
immer
wieder heim
Immer einmal mehr
als ich dich
verstoßen
vertrieben
verjagt
verteufelt
verklagt
verleugnet
verraten
vergessen
hab

Du scheißt einen
riesengroßen stinkend klebrigen
Haufen auf meine
lächerlichen Versuche
dich und deine ewige Weisheit
durch Moral Gesetze Willenskraft
zu ersetzen

Du bist mir treu
treuer und wahrhaftiger
als ich mir selbst jemals sein kann
Siehst mich riechst mich erträgst mich
traust glaubst folgst nimmst
alles von mir

Du gefühlst die Welt
Erfühlst mir die zweiten
Wahrheiten
Die Quelle
der Intuition
Du bist Ich
Ganz
Klebrig kleiner schwarzer Dämon mit dem
Feuerherz

Wie manche Leute
In mich hineinrufen
Da gibt es nichts
herauszuschallen

Foto

Im
Überschwang
unkontrollierter
übermäßiger
Dauergeilheit
unüberlegt unachtsam

gut
gemeint
verschicktes
Foto
kommt unter blöden
Umständen
unerwartet
unangenehm
urpeinlich
überraschender
Weise
ein paar
Monate später
über den
Schreibtisch der
Staatsanwältin mit dem
Vermerk

»Foto von erigiertem Glied.
Es ist jedoch weder ersichtlich wann
noch von wem dieses Foto übermittelt wurde.«

in
eingeschrieben
zugestelltem
Rsb Kuvert
an den natürlich
unschuldigen
Absender
zurück.

Das Meine

Vielleicht wäre
eine Karriereleiter
hinunter in die
Kanalisation der
Kleinkriminellen
mehr weit mehr
das Meine gewesen
als eine am
Rockzipfel der
Geldanbeter
?

Vielleicht aber wäre
ein Rettungsboot
hinüber in die
Freiheit der
Künste
mehr weit mehr
so ganz das Meine gewesen
als eine unter
Kleinkriminellen in
Kanälen
!

Hineinblick

Immer wieder
dieser Moment
Hineinblickmoment
in diese
Socialmediawelt
Wo jeder dasselbe
Und ich für einen kurzen Augenblick
weiss dass
Es
nicht ich bin
der in diesem
Augenblick
herausblickt
hineinblickt

Wenn
Schwarz
Keine Farbe
Weiss
Schon gar nicht

Eines Tages
eines Nachts
wird es passieren
wird keiner damit rechnen
niemand wird im
Nachhinein
verstehen können wie es
möglich war wie einer wie ich
jemand den was man
immer als zuvorkommend
höflich und gebildet kannte
ein Mann Mitte Fünfzig
erfolgreich
immer gut gekleidet
wie er es ohne mit der
Wimper zu zucken
übers Herz brachte
sein iPhone 11 Pro mit einem
Hunderternagel an die
Wand zu
hämmern.

Mensch

Verweigerung
mein Mensch
Bild umzudrehen

Gute im Mensch
zur Abnormalität
Böse im Mensch
zur Normalität

Verweigerung
mein Mensch
Sein umzudrehen

Verweigerung
mein Menschen
Bild aufzugeben

Verweigerung
Wirklichkeit
anzuschauen

Ergebnis meiner
Überlegtheiten:
Ernüchterung

Sterben

Ich will so oft sterben
bis ich am Ende
wirklich tot
bin.

Ich will so oft sterben
bis du am Ende
mich wirklich gesehen
hast.

Ergebe mich
Erkenne Dunkelheit wo Dunkelheit ist
Erkenne Grausamkeit wo Grausamkeit ist
Erkenne das Böse wo das Böse ist
Ergebe mich

Sterbebettfaktor

Wie sehr werde ich wenn es soweit sein wird wenn es mir
klar sein wird den Tod vor Augen wenn meine Freunde
Nahestehende am Bettrand mich mit ihren feuchten
Augerln fürchterlich anschauen wie sehr werde ich dann
weil es soweit ist glücklich sein Erinnerung für Erinnerung
an genau das was ich heute jetzt gerade mache wie geil
arg besonders Wert voll ist mein Jetzt mein Programm
mein Tag meine Nächte meine Gedanken mein Projekt?

Nicht fertig werden mit dem Erzählen will ich dann nicht
alles unterbringen will ich dann weil es so viel so voll
so lustvoll so Wunder voll lebendig verrückt vielleicht auch
herausragend peinlich oder ekelig war oder weil ich
es mein Leben lang verheimlicht nur mir selber anvertraut
weil mir Verbotenes gegönnt.

An Tagen wie diesen erinnere ich mich klammer ich mich
verpflichte ich mich zum Leben zur Messlatte
des Lebendigen.

Zünder

Am Sterbebett wird das alles, mein Leben, dein Leben, euer Leben, unser Leben für mich wie ein funkelnder Leuchtstreifen aussehen.

Aus meinem Bauchnabel raus, hinüber, hinaus wie eine vom Mundl höchstpersönlich aus dem Zinshausfenster abgeschossene vollfette Silvesterrakete abzischen, eine Spur der Erleuchtung ziehen, so lange, so frei, so juhu, bis sie dann ein paar Meter gegenüber ins nächste Zinshausfenster hinein, durch die ungeöffneten Fensterflügel, nur um den bis dahin Unbekannten rauszureißen aus seinem jahrelangen Sterben.

Da werde ich gar nicht wissen, dass ich nach dem nächsten Gedanken Bild Atem Zug Gefühl gar keines mehr haben. Da werd ich gar nicht wissen, wer gerade noch und was mir kurz zuvor noch so gewichtig dramatisch unvergesslich.

Da werde ich denken, diesen Blasen Druck ein bisserl später abzulassen, weil es ist grad nicht der richtige Moment um aufs Häusl. Da werd ich gar nimmer mitbekommen, wohin meine Brunze noch körperwarm rinnt mitten in die Matratze. Der letzte Schas, ja der wird der schönste sein. Schon ohne mich, aber (!) er wird so riechen wie ich immer, nein, nicht immer, aber immer die letzten paar Jahrzehnte.

Da werde ich ihn sehen,
den funkelnden Leuchtstreifen.

Vielleicht, denk ich, erinner ich mich an meinen ersten
Flug damals von Maribor nach Tunis, an den Flug,
wo der Kapitän vor dem Abflug mich persönlich begrüßt
hat, nur um mir zu sagen, er kann, wenn er wolle, mich
einfach auch hierlassen, nicht mitnehmen, mich als
Gefahr einstufen. Wegen der paar Promille und ja,
gut und schön, wegen meiner nicht gerade zurückhaltenden
Art, aber was soll ich tun, wenn dieser Lichtstrahl
mich so motiviert freut kitzelt, mein Kind, Leuchten mit
vorgehaltener Tequilaflasche aus mir raus erpresst.

So wird es sein. Weil der Lichtstrahl ich bin.
Weil ich sicher bin, nach dem einen das andere zu beginnen,
die nächste Packung Silvesterraketen mich kauft,
weil sie süchtig nach mir ist.

Zünder.
Ich muss immer eine Schachtel Zünder
in der Hosentasche.

Nicht einmal mehr ein Vorwurf

In Wahrheit
mit Wahrscheinlichkeit
Bleiben noch ein paar Tage Wochen Monate

Dir zu sagen
Dich zu fragen
Dich zu riechen
Dich zu halten
Dich zu sehen

Bei dir zu stehen
Mich zu zeigen
Mich zu schenken
Mich zu trauen
Dich zu fragen
Dir zu sagen

Hinzustellen
Herzuzeigen

Den Tisch unserer Beziehung
Reinmachen
Wäschewaschen
Schweigenbrechen
Vergebungbeginnen
Verzeihungsagen

Ratzufragen
Kampfzubeenden
Anzunehmen
Dankbarzusein

Mich hinzugeben
Mich anzuschließen
Einzuatmen was du atmest
Dich zu umarmen

Ehrlich
Ohne diese lebenslange Verstellung
Direkt

Nichts und niemand zwischen uns
Nicht einmal mehr ein Vorwurf

Vor dem Nachruf
Jetzt der Anruf

Papa

**Viel einfacher
noch viel mehr
Vereinfachter**

Der Mensch ist des Menschen Mensch

5

hen

WIE FINDE ICH
HERAUS OB ICH
ANFANGE VERRÜCKT
ZU WERDEN?

Über

über die Liebe
wie alltäglich
ausgekehrt
über das Lachen
was soll ich damit
was ist das
über den Frieden
interessiert keine Sau
über die Vergangenheit
was soll ich damit
über das Licht
verdammte Esoterik
über den Tod
mir kommt das Gähnen
über die Heimat
wozu das Ganze
über die Natur
aha
über den Augenblick
viel zu langweilig
über die Politik
mir schlafen die Füße ein
über das Meer
was willst du davon
über den Sex
geh bitte
über den Helden
und dann?
über den Hunger
wer soll das kaufen

über den Brand
tausendmal gehört
über den Verkehr
verkehrt
über die Freude
oida
über die Trauer
ned scho wieder
über den Großvater
haben schon andere
über den Traum
i man i dram
über Schmerz
au weh
über MICH?
ja

Mensch
Du Säugetier.

Säugung gibt dir
Richtung zum Wesen.
Bedürftigkeit
Bekümmerung
Zeugung nur ein
kümmerlicher Anfang
Tier für Tier
Beinullanfang.

Vergammelte Stummel der Triebe
Barbaren Verlorenheit.
Mensch für Mensch
Neuanfang
Bevorbildung
Hervorbildung
Zuverwendung
Grenzensetzung
Ausschlusswarenproduktion
Fehlkonstruktion
Vergessung
Intuition
Mensch Gefahr des Menschen.

Mensch
Du Säugetier.

Apfel
Baum
Feige
Blatt

Feige
Baum
Apfel
Blatt

Verlogenheiten
überraschen
selbst mich.

Täuschungen
fallende Augen
wie Schuppen.

Freundschaften
verenden
stumm.

Dorf
mehr als **Dorf** schaffen wir
Trottel Menschen nicht.

Verflüchtungen

Spüren wie   erschöpft
                müde
                traurig ich bin
mich vergessen hab
vergraben   was mir
guttun könnte statt mich
treiben
jagen
vertreiben zu lassen aus
meiner Lebenszone

Ja weil Ja
Immer   etwas
               irgend
               etwas noch für eine
gewisse Zeit wichtig sein
will ohne wichtig zu
sein ich noch eine Runde
dreh für   Nichts und wieder
              Nichts und noch
einmal und
einmal geht's noch

Kann diese Welt nicht mehr
sehen weil ich sie andauernd
sehe

Viel mehr Fürchtungen
braucht mein Leben
Viel weniger Flüchtungen
braucht mein Leben

Oaschkoid

Scheisendreck verfickter
Absturzgefährdung
Endstationsreisender
Haltestellensitzbanker
Entschuldige ich warte auf
den nächsten Zug auf den
der was zur anderen
Endstation
Auch ohne mich weil eine
rauch ich noch ist grad so
stimmig hier im Wartehaus
beheizt ist es auch kuschelig
warm nicht so eisig
unwirtlich oaschkoid
wie draußen
Einen sitz ich noch
eine hab ma immer noch aber
dann schau ma mal e sicher aber

Scheisendreck verfickter
Absterbegefährdung
Haltestellensitzer
Wer das Kleine nicht ehrt
ist das Grosse nicht wert
Hast Du tschuldigung vielleicht
ein Ladegerät mein Akku
is heute leider schon
weiss auch ned warum war grad noch
90 % voll der Akku

Hamdrahn is schon immer auch
eine Option eine die was
ich mir für mich vorstellen
kann als gute Lösung

Diese

Antwortlosigkeiten
Fragwürdigkeiten
Fraglosigkeiten

Diese

Antwortlosigkeiten
Verhinderungen
Wahrlosigkeiten
Entmutigtkeiten

Diese

Antwortlosigkeiten
Verwahrlostig
Unkonzentrationen

Diese

Antwortlosigkeiten
Unversuchungen
Faulpelzig

Diese

Antwortlosigkeiten
Ausredungen
Verfeigungen

Diese

Angstvorderantwort
Niefragenstellungen
Todesursachen

Auslöschung
der
Erinnerungen.

Anzündung
der
Gegenwarten.

Anziehung
der
Phantasien.

Vernichtung
der
Verhinderungen.

Irgendetwas

Jeder Gedanke versteckt
sich vor meinem Nachdenken
so lange bis ich vergessen
hab worüber ich nachgedacht
Jede Antwort versteckt
sich vor meinem Erkennen
so lange bis ich vergessen
hab mich jemals gefragt zu haben
überhaupt irgendetwas

Keller Dreck
Putzen
Tage gibt es
wäre
kunstvoller
denn als was
Gedichte zu
versuchen

Dreck Keller
Verlassen
Nächte gibt es
wäre
reinigender
denn als was
Gedichte zu
verpassen

**Und auf
einmal**
sprechen wir
von dir
in der Gegenwart
in der Vergangenheit

Nur nicht

Zweifel soll dich
zum Verzweifeln
zwingen.

Bis du aufhörst
gegen dein Bewusstsein
gegen dein Herz
gegen deine Kinder
gegen deine Nahrung
gegen deinen Sinn
gegen die Gegend
gegen alles
nur nicht gegen den
Strom
zu
schwimmen.

Über die Wahrheit

Nicht möglich, über Wahrheit zu schreiben, zu denken, ohne einen noch nicht gedachten Gedanken zu verwenden, nicht ins seit hunderten Jahren bekannte Philosophische zu streifen. Die Suche nach dieser – ein wahrscheinlich den Menschen, das Menschsein definierendes Verlangen – Sehnsucht. Die Sehnsucht, Recht zu haben, der Gute, der Wahre zu sein. Das ist doch, was uns treibt. Selbst besser, wahrer, wichtiger, klüger, potenter zu sein.

Mut zur Wahrheit? Mut zur Lüge, das wäre einleuchtend. Doch welche Ängste müssen wir überwinden, um die Wahrheit ans Licht zu bringen? Mein Verdacht: Es geht um Peinlichkeit. Um Scham. Doch nicht um den berechtigten Schutz unserer verletzlichsten Stellen Willen – sondern um unsere niedrigen, kleinen, impotenten Taktiken zu verbergen. Wir wollen gewinnen, wir wollen schön sein, wir wollen unsere Geschichte selbst schreiben, schönen, polieren. Ich suche nach der Wahrheit. Mein Leben lang. Ich spüre die Lüge, ich krampfe meinen Magen, Migräne mein Hirn, wenn »etwas« in der Luft liegt. Wenn es nicht zusammenpasst. Wenn die Summe des Verstandenen nicht die Lösung bedeutet, wenn die Formel sich in mir nicht ausgeht. Auch wenn die schulische Mathematik mir bis heute ein Graus ist, mich in Panik versetzt: Meine Suche nach dem Wahren bedient eine komplexe Formel.

Es ist der Algorithmus des Gleichgewichts. Die Ermittlung des Schwerpunktes, dem Zentrum von allem, der Ort, an dem alles gut ist. Für alle. Wo jeder zustimmt. »Ja, so ist es. Gewesen. So haben wir es erlebt, so erleben wir es.«
Was, wenn nicht Freundschaft, ist der alles integrierende Faktor dieser Gleichung? Was, wenn nicht Freundschaft, trägt den Mut in sich, sich zu zeigen, sich zu erkennen zu geben − frei von Impotenz, Kleinheit, Feigheit, Manipulation, Versteckspiel, Täuschung und unberechtigten Tabus?

Eine einzige Ausnahme. Eine einzige Berechtigung, der Wahrheit nicht ins Angesicht zu blicken, akzeptiere ich. Weil sie schützt, was noch nicht ertragen − vielleicht auch niemals ertragen − werden kann, weil die Wahrheit nicht der Heilung, der Versöhnung, sondern der Anfeuerung des Hasses, der Angst, der Schmerzen dienen würde.
Weil die Beziehung zu uns selbst und zu unseren Liebsten diese Wahrheit − diese wahre Wahrheit − nicht überleben würde. Tabu schützt vor dem Unerträglichen. Tabu lähmt jedoch auch, lässt das Unerträgliche im Dunkeln.
Dort wirkt es, brodelt, kocht, stinkt, vergiftet.

Tabu darf niemals für »immer« die Wahrheit verdecken. Tabus warten ungeduldig auf den Augenblick, auf die neue, höherentwickelte, tragfähigere Begegnung − meist mit den nächsten, den folgenden Generationen. Was die Täter, die Opfer, die Verwundeten, die Vertriebenen selbst noch nicht ertragen, wartet auf Entdeckung. Auf Aufdeckung. Auf Aufarbeitung. Auf Beleuchtung. Auf Benennung, Besingung, Bemalung. Die Wahrheit will, muss immer ans Licht.

Wer sich sein Rechthaben erbombt, erlügt, erdroht,
ermachtet, erpresst, egal in welchem Namen,
mit welcher angeblich guten Absicht – der verunmöglicht
die Heilung, den Frieden, unser Menschsein.

Ich weigere mich, dein Feind zu sein.
Freundschaft.
Wahrheit.

Lange noch

Wie lange noch
will ich mir
diese bescheuerten
Fragen stellen

Wie lange noch
will ich mir
diese feigen
Antworten
glauben

Wenn der Mensch
der gesehen hat
mich gesehen
in allem was ich bin werden kann aus mir
Wenn der Mensch
der mich gesehen hat
für immer geht gegangen ist
kommt tiefe Trauer
getragen von
noch viel tieferer
Dankbarkeit
Liebe

Eine
Schutzhülle aus
Stille

Eine
Ekstase aus
Lärm

Nichts
ist so schwa
wie gespielt
Stärke

6

Ich war du warst ich

Ich war du warst ich.

Um die Wahrheit zu sagen,
heute Nacht hat es mich geträumt.
Du hattest einen so wie ich,
kleiner, aber du hattest einen,
prall, schön, heiß und
kerzengerade.

Er war dort, wo sonst das Zarte ist,
wo es mich, eben weil
er dort nicht ist,
magisch hinzieht, anzieht,
reinzieht.
Plötzlich war er da,
aufgeregt, schon leicht nass.
An der Spitze
dein weisser Saft.

Selbst hast du es dir gemacht,
stolz mit beiden Händen
gezeigt hast du ihn mir,
da musste ich zupacken,
hingreifen, mitspielen.
Ruck für Ruck mit zartfester Umarmung
immer mehr von deinem Saft
auf meinen Fingern,
da rinnt mir der Speichel
im Mund zusammen.

Jetzt oder nie denk ich mir,
als ob ich noch denken könnte
vor lauter Lust auf
deinen.
Wie du wohl schmecken wirst,
denk ich mir, ohne denken
zu können,
her damit, küssen,
saugen, schmecken.

Kurz war sie da, die Scham,
was mach ich da,
darf ich das,
wenn mich wer sieht.

Warum auch immer
bin ich überrascht,
du schmeckst wie ich,
salzig, leicht klebrig,
schleimig, herb.

Jedenfalls schmeckst du so
wie kein Gewürz der Welt,
wie keine andere Speise.
Keiner schafft mich derartig
fremdvertraut zu erregen,
meinen Geschmack,
meinen Schluck, meine Nase
so sehr in diese Mischung
aus Angst und Gier
zu verwandeln.

Um die Wahrheit zu sagen,
heute Nacht hat es mich geträumt.
Du hattest einen so wie ich.
Härter, praller, gieriger, gerader.
Doch so wie meiner war
er da und erregte mich,
erfreute mich, riss mir
den Mund auf
und die Zunge nach vorne,
zwang mich zu essen,
zu lecken, zu kosten.
Was da ist. Was rinnt.
Was spritzt und quillt.

Du warst immer du,
in dir, bei dir, vor mir, in mir.
Um die Wahrheit zu sagen,
heute Nacht hat es mich geträumt.
Ich hatte einen so wie du,
du hattest einen so wie ich.

Ich war du warst ich.

Sinnlos

falls du überlegst dich
auszuziehen
lass deine Bluse an
lass dein Leiberl an
denk nicht mal daran nachzudenken
überleg nicht worüber du dich bücken könntest
überleg nicht
bück dich dort wo du gerade bist
den Rest übernehme ich.

Moral
Einfach
Gut
Doppelt
Nicht

Der Momen
der Umkehr
wie Stillstar

7

Babsi

Während
wir

Hamsterkauf
Härtefall
Hausarrest
Mundmaske
Pressekonferenz
Frischeluftschnappen
Kurzarbeit

warst du

allein
verlassen
einsam
anonym
isoliert
unbesucht
vergessen
unverabschiedet

am
Sterben.

Mut und Feigheit

Mut und Feigheit.
Eine große Liebe.
Der eine wäre ohne die andere
vollkommen sinnlos.
Die eine wäre ohne den anderen
vollkommen unerkannt.
Mut und Feigheit.
Zwei Einsame
treffen sich,
verbinden ihre Schatten
und sind
gemeinsam
ungestüm und vorsichtig.

Wie beim ersten Mal

Immer wieder
falle ich auf mich rein
renne gegen die Scheibe
verdränge meine Erkenntnis
verrate meine Weisheit
vergesse mein Gewissen.

Suche nach dir da draußen
glaube es ist dort wo ich nicht bin
verteile die Verantwortung
sprühe aus
spritze raus.

Suche nach mir da draußen
irre mich
werde bequem und
träge
sehnsüchtig.

Hoffe auf eine Lösung
ohne mich anstrengen zu müssen
will mich heute gut fühlen
sicher stark.

Weil damals was war
weil es da mal etwas gab
weil du mich damals so zart gehalten
massiert gesehen – großartig gefunden hast.
Ich dein Mann der aus dem Nichts kam.
Du meine Frau die ich schon immer.
Wir die einzigen beiden
auf der ganzen Welt.

Was für ein
Glück
Moment
Wahrheit

Wirklichkeit
Paradies
Erinnerung
Begeisterung

Ermutigung
jeden Tag aufs Neue
jeden Tag von vorne
jede Nacht von hinten.

Immer wie noch nie
immer wieder neu
immer wieder wie der blutigste Anfänger.
Nicht glauben
nicht erwarten
nicht wollen.
Jedes Mal neu wie noch nie.
Vergessen wer du gestern warst.
Vergessen was jetzt deswegen sein müsste.
Vergessen was wir von uns einander wissen.

Den Alltag töten
verhöhnen
anspucken
aus allen Tagen verjagen.
Dich immer wieder
wie beim allerersten Mal
staunend wieder erstmals sehen.

Frag mich endlich

Frag mich endlich
warum ich mich fürchte
auf welche Fragen ich keine Antwort weiß

Frag mich endlich
warum ich noch da bin
wohin ich gerne wollte und es nie

Frag mich endlich
wohin ich will
wer mir fehlt

Frag mich endlich
was ich mir von dir wünsche
was ich mir nicht sagen

Frag mich endlich
wer ich wirklich
was ich von mir glaube
was meine größte Angst
was meine größte Kraft

Frag mich endlich
ob ich glücklich
wo ich leben

Frag mich endlich
was ich dich schon immer fragen wollt

Frag mich endlich
wo mein Schatz vergraben ist
was in meiner verbotensten Phantasie
verbogen verborgen

Frag mich endlich
was in mir schläft
wo meine Grenze der
Würdelosigkeit

Frag mich endlich
was passieren muss damit ich mich erhebe
ob ich mir vorstellen kann es zu

Frag mich endlich
ob ich schon wüsste wie
wen ich vorher
als den letzten Menschen
bevor ich mich
selber

Frag mich endlich
wie lange ich noch will.

Du

Wann auch immer wer du auch
wie auch immer riechst oder
duftest schaust oder blickst
wohin auch immer du gehst
oder schreitest wie lange
auch immer du weg oder fort
wen auch immer du triffst oder
begegnest was auch immer du
tust oder machst wodurch
auch immer du erlebst oder
reifst wofür auch immer du
brennst oder glühst weshalb
auch immer wir haben
oder sind. Wo auch immer ich dich
rieche schaue verfolge treffe
suche entdecke
ist es alles.

Unsere Zeit

Ab wann
ist die Zeit
uns vorzubereiten

auf die Zeit
wenn dann
einer eine
von uns beiden
das Zeitliche
gesehen

und ein anderer
von uns beiden
sich erlauben wird
dürfen
müssen
seine ihre Zeit

aus vollem Herzen
mit gefülltem Herzen
genussvoll zu leben
für uns beide
die Zeit zu genießen
Leben zu erfüllen

um dann
zeitlich gesegnet
uns wieder zu
treffen

um dem
anderen
begeistert von
alldem allein Erlebten
zu berichten
ins Ohr zu flüstern

um dann
friedlich gemeinsam umarmt
umschlungen
einzuschlafen.

Liebesanfälle
wohin man schaut
Gefühlstorten
die man auch kostet
Sehnsuchtssorgen
an jeder Ecke
Begeisterungsstürme
reißen
Sonnenschirme
in die Wolken
Herzrasend
in den
Radarblitz

Ohne
Registrier
Kassen
Pflicht
müsste ich
nicht so viele
Gedichte
schreiben.

Ich glaube,
ich hatte gar keine
Schreibmaschine.

Thomas

Andreas

Beck

Thomas Andreas Beck, 1968 in Wien geboren, schreibt seit 35 Jahren Texte über in Österreich leidenschaftlich verdrängte Themen. Als Unternehmensberater ist er erfolgreich selbstständig seit 1998. Als Liedermacher veröffentlichte er seit 2009 sechs Alben – »Mei Herz brennt«, »Freude«, »Knistern«, »Stille führt«, »Alles brennt« sowie »Ernst« –, mit denen er solo und mit Band durch den deutschsprachigen Raum tourte. 2003 erschien sein Buch »Ich lebe sterbe«, 2012 »Alles in die größte Kraft« mit komprimierten Erkenntnissen, 2020 »Texte die was keine Lieder geworden sind«. Beck ist Mitglied der Grazer Autoren- und Autorinnenversammlung. Er lebt und arbeitet in Wien und Breitenbrunn am Neusiedlersee.

www.thomasandreasbeck.at

Dankbar bin ich

Devi Saha
für Resonanz, Wahrheit und Zutrauen...

Stefanie Jaksch
für Rat, Geduld und Feinschliff...

Clemens Theobert Schedler
*für Freundschaft, Widerstand
und den niemals endenden Dialog
zwischen Form und Inhalt...*

Verena Minoggio-Weixlbaumer
und Elmar Weixlbaumer
für Struktur, Herz und Weitblick...

Petra und Peter Menasse
*für Hilfe, Empfehlung
und wegweisendes Fragestellen...*

Franz Schuh
*für Zeit, Aufmerksamkeit
und Echo...*

Helmut Prochart
für Treue, Geduld und Verlässlichkeit...

Fabian Burstein
*für Perspektivenwechsel, Antworten
und Weltoffenheit...*

Ernst Brunbauer
*für besonders schönes Papier
und Großzügigkeit...*

Meinem Publikum, allen Lesern
und Geschäftspartnern
für Anvertrauen, Einlassen und Geld...

Besonders große Dankbarkeit an meinen Vater
*dafür, dass in diesen Tagen
»Nicht einmal mehr ein Vorwurf«
zwischen uns ist...*

T. A. B.

Eine Publikation der Utopische Realisierungen GmbH

The Verlag und seine Autor+innen sind für Reaktionen, Hinweise oder Meinungen
dankbar. Bitte wenden Sie sich diesbezüglich an *verlag@goldegg-verlag.com*.

Der Goldegg Verlag achtet bei seinen Büchern und Magazinen auf nachhaltiges
Produzieren. Goldegg-Bücher sind umweltfreundlich produziert und orientieren
sich in Materialien, Herstellungsorten, Arbeitsbedingungen und Produktions-
formen an den Bedürfnissen von Gesellschaft und Umwelt.

Goldegg Verlag GmbH
Unter den Linden 21 | 10117 Berlin | Deutschland | +49.800.505 43 76-0
Mommsengasse 4/2 | 1040 Wien | Österreich | +43.1.505 43 76-0
office@goldegg-verlag.com | *www.goldegg-verlag.com*

Fotos
Seiten 26 | 27 von Devi Saha, alle anderen von Thomas Andreas Beck

Textredaktion
Devi Saha

Lektorat
Stefanie Jaksch

Gestaltung
Clemens Theobert Schedler, Büro für konkrete Gestaltung

Bildbearbeitung
Markus Wörgötter

Schrifttype
Korpus, entworfen von Mika Mischler und Nik Thönen

Papiere
Koehler Eco Black 350 g und Lenzing Impact 100 g

Druck
Holzhausen – die Buchmarke der Gerin Druck GmbH

Bindung
Papyrus GesmbH & Co KG

Erste Auflage
1.000 Exemplare im April 2024

International Standard Book Number
ISBN 978-3-99060-464-9

Kulturland
Burgenland

Das Angenehme am Kellerstüberl
ist die Bombensicherheit.